EMF3-0040
合唱楽譜<J-POP>

J-POP
CHORUS PIECE

合唱で歌いたい！ J-POPコーラスピース

女声3部合唱

真夏の夜の夢

（松任谷由実）

作詞・作曲：松任谷由実　合唱編曲：田中達也

ELEVATO
MUSIC ENTERTAINMENT

真夏の夜の夢

作詞・作曲:松任谷由実　合唱編曲:田中達也

9
mf
unis.
ほ ね ま で と け る ー よう な ー
は な び は ま い あ ー が り ー
Gm
E♭
F
B♭
13
テ キ ー ラ み た い な キ ー ス を し て ー
ス コ ー ル み た い に ふ ー り そ そ ぐ ー
E♭
B♭
C♯dim7
Dsus4
D
17
mp
Woo
woo
よ ぞ ら も む せ か ー え る ー
き ら き ら お も い ー で が ー
Gm
E♭
F
B♭

21
mf
はげしい ダンスをおーどりましょうー わたし
いつしか おわーってきーえるまでー あなた
mp mf
Ah ダンスをおーどりましょうー Woo
おわーってきーえるまでー
mp mf
Ah ダンスをおーどりましょうー Woo
おわーってきーえるまでー
E♭ B♭ C♯dim7 Dsus4 D D7
25
mp
ーーとおいーゆめは
ーーのかげーわたし
mp
わたしーーとおいーーゆめは
あなたーーのかげーーわたし
mp
わたしーとおいーーゆめは
あなたーのかげーーわたし
G7 Cm
mp
29
mf
ーまてなかーったー さいごは
ーだけのものよー さいごは
mf
ーまてなかーったー さいごは
ーだけのものよー さいごは
mf
ーまてなかーったー さいごは
ーだけのものよー さいごは
D♭ D7 C/D D7 Gm Gm7 Cm
f mf

33
B
ーもーーっとわーたしをみーてーもえつく
ーもーーっとだーいてだいーてーいきもで
Cm F Gm9 Gm Gm7 Cm
37
f
ーすようーーにーさよなら
ーきぬーほどーさよなら
F7 B♭ Cm
41
mf
ーずーーっとわーすれないーわー
ーずーーっとアモーレアモーーレー
ーずーーっとわーすれないーわーこんや
ーずーーっとアモーレアモーーレーこのよ
ーずーーっとわーすれないわーこんや
ーずーーっとアモーレアモーレーこのよ
D7 Gm Gm7/F Em7(♭5)

45
mf
1.
Woo
ふ
あ
た り の こ と ー
の
で
E♭M7
F6
N.C.
f
49
Pa pa
div.
2.
な た ひ と り ー
C
F
Gm
Dm
f marcato
53
Gmadd9
D7
3/4

57
D♭
E♭
E
F♯
62
Gm
E♭
F
F6
67
おどる
E♭add9
B♭
E♭7
D7

71 D
mf mp
ー ー ラ イ ト ー ま わ る
お ど る ー ー ラ イ ト ー ー ま わ る
お ど る ー ラ イ ト ー ー ま わ る
D G7 Cm
75
ー ダ ン ス フ ロ ア ー カ リ ビアンナ
ー ダ ン ス フ ロ ア ー カ リ ビアンナ
ー ダ ン ス フ ロ ア ー カ リ ビアンナ
D♭ D7 C/D D7 Gm G♯m G♯m7 C♯m
f
79 E
ーイト も ー ーっ と わ ー た し を み ー て ー も え つ く
ーイト も ー ーっ と わ ー た し を み ー て ー も え つ く
ーイト も ー ーっ と わ ー た し を み ー て ー も え つ く
E F♯ G♯m9 G♯m G♯m7 C♯m

83
f
ー すよう ー ーに ー さ よ な ら
ー すよう ー ーに ー さ よ な ら
ー すよう ー ーに ー さ よ な ら
F♯7
B
C♯m
87
mf
3
ー ず ー ーっ と わ ー す れ な い ー わ ー
ー ず ー ーっ と わ ー す れ な い ー わ ー こ ん や
ー ず ー ーっ と わ ー す れ な い わ ー こ ん や
D♯7
G♯m
G♯m7/F♯
E♯m7(♭5)
91
Woo ふ た り の こ と ー さ い ご は
の ふ た り の こ と ー さ い ご は
の ふ た り の こ と ー さ い ご は
EM7
F♯6
N.C.
cresc.
sfz

F
95
ー もーーっ とだーいてだいーて ーいきもで
C♯m F♯ G♯m9 G♯m G♯m7 C♯m
f
99
ー きぬー ほどー
più f
さよなら
F♯ B C♯m
103
ー ずーーっ とアモーレアモーーレー
mf
このよ
ー ずーーっ とアモーレアモーレー このよ
D♯7 G♯m G♯m7/F♯ E♯m7(♭5)

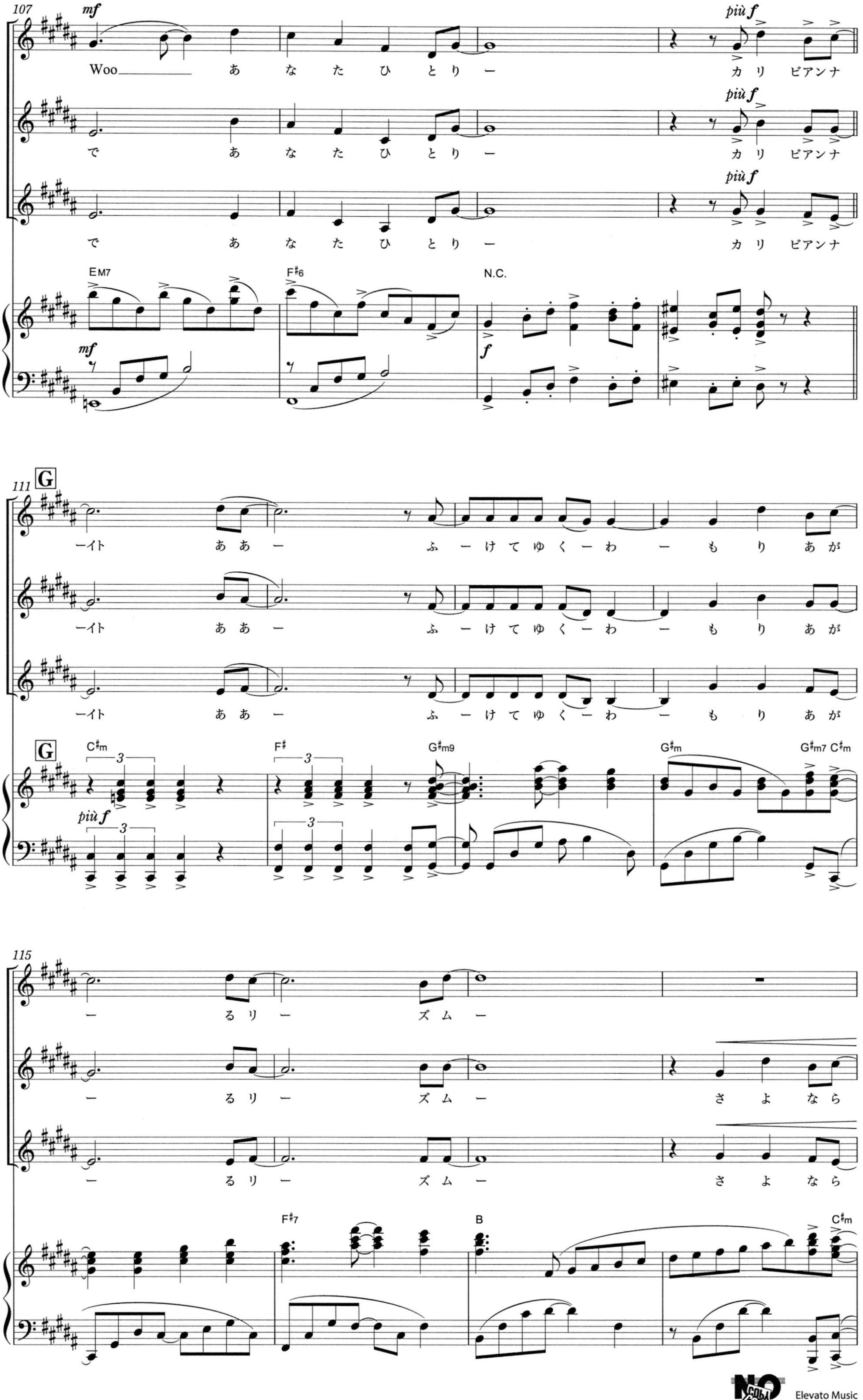
107
mf
più f
Woo あ な た ひ と り ー カ リ ビアンナ
で あ な た ひ と り ー カ リ ビアンナ
で あ な た ひ と り ー カ リ ビアンナ
EM7
F♯6
N.C.
f
111
G
ーイト ああ ー ふ ー け て ゆ く ー わ ー も り あ が
ーイト ああ ー ふ ー け て ゆ く ー わ ー も り あ が
ーイト ああ ー ふ ー け て ゆ く ー わ ー も り あ が
C♯m
F♯
G♯m9
G♯m
G♯m7 C♯m
3
115
ー るリ ー ズム ー
ー るリ ー ズム ー さ よ なら
ー るリ ー ズム ー さ よ なら
F♯7
B
C♯m

119
espr.
Ah
ー　ず ー ーっ　と わ ー す れ な い ー わ　ー
ー　ず ー ーっ　と わ ー す れ な い ー わ　ー　こ ん や
f 3
D♯7　G♯m　G♯m7/F♯　E♯m7(♭5)
123
f 3
こ ん や の ふ た り の こ と ー
の ふ た り の こ と ー
più f
Woo
EM7　F♯6　N.C.
f
più f
127
mf
Ah
G♯mM9
mf

真夏の夜の夢（松任谷由実）

作詞：松任谷由実

骨まで溶けるような
テキーラみたいなキスをして
夜空もむせかえる
激しいダンスを踊りましょう

私《わたし》　遠い夢は待てなかった

最後は　もっと私《わたし》を見て
燃えつくすように
さよなら　ずっと忘れないわ
今夜の二人のこと

花火は舞い上がり
スコールみたいに降りそそぐ
きらきら思い出が
いつしか終《おわ》って消えるまで

あなたの影　私《わたし》だけのものよ

最後は　もっと抱いて抱いて
息もできぬほど
さよなら　ずっとアモーレ・アモーレ
この世であなたひとり

踊るライト　まわるダンスフロア

カリビアン・ナイト　もっと私《わたし》を見て
燃えつくすように
さよなら　ずっと忘れないわ
今夜の二人のこと

最後は　もっと抱いて抱いて
息もできぬほど
さよなら　ずっとアモーレ・アモーレ
この世であなたひとり

カリビアン・ナイト　ああふけてゆくわ
もり上がるリズム
さよなら　ずっと忘れないわ
今夜の二人のこと

MEMO

MEMO

ELEVATO
MUSIC ENTERTAINMENT

エレヴァートミュージックエンターテイメントはウィンズスコアが
展開する「合唱楽譜・器楽系楽譜」を中心とした専門レーベルです。

ご注文について

エレヴァートミュージックエンターテイメントの商品は全国の楽器店、ならびに書店にてお求めになれますが、店頭でのご購入が困難な場合、下記PC&モバイルサイト・FAX・電話からのご注文で、直接ご購入が可能です。

◎PCサイト&モバイルサイトでのご注文方法

http://elevato-music.com

上記のアドレスへアクセスし、WEBショップにてご注文ください。

◎FAXでのご注文方法

FAX.03-6809-0594

24時間、ご注文を承ります。上記PCサイトよりFAXご注文用紙をダウンロードし、
印刷、ご記入の上ご送信ください。

◎お電話でのご注文方法

TEL.0120-713-771

営業時間内に電話いただければ、電話にてご注文を承ります。